Naturräumliche Gliederung Deutschlands

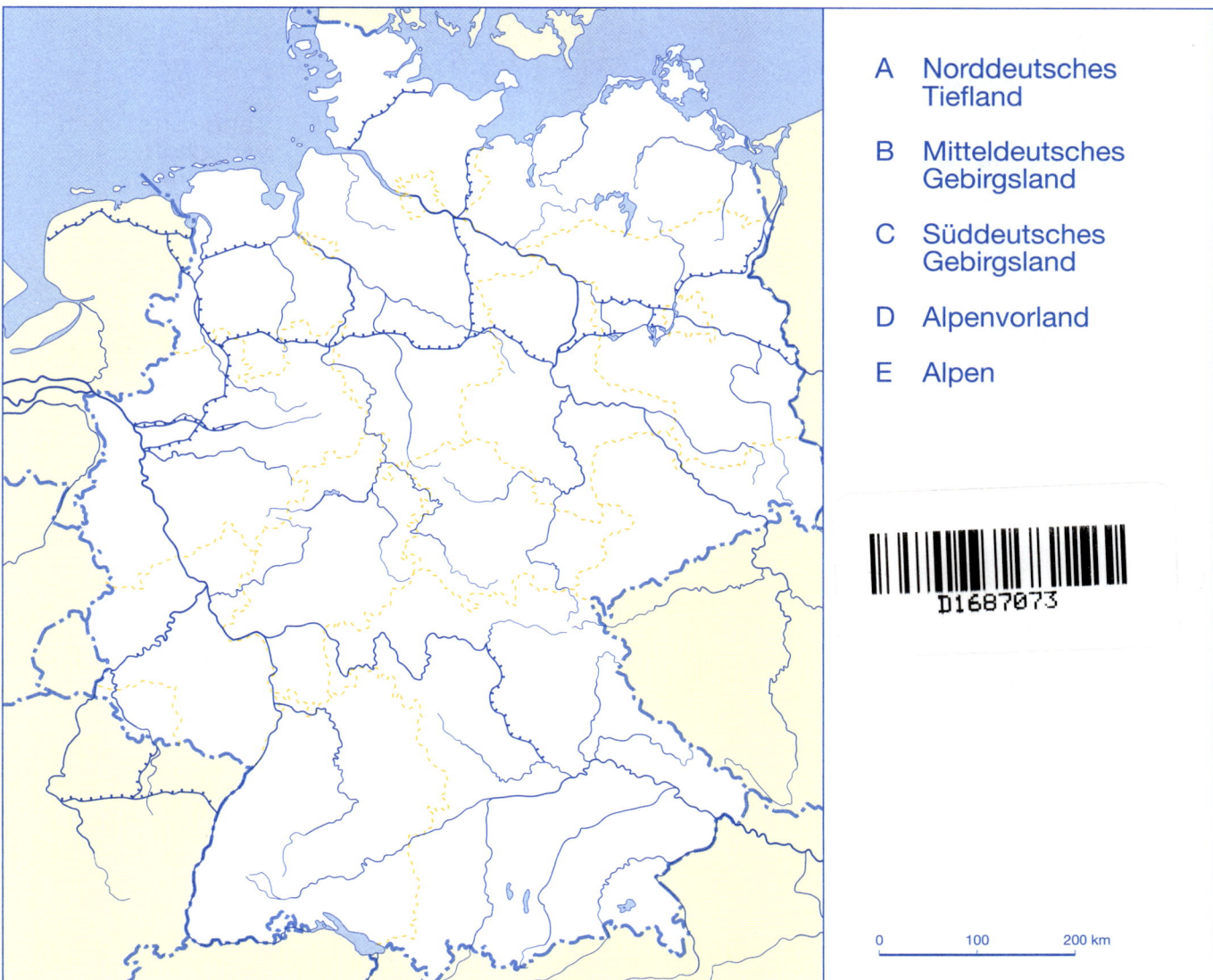

A Norddeutsches Tiefland

B Mitteldeutsches Gebirgsland

C Süddeutsches Gebirgsland

D Alpenvorland

E Alpen

1. Skizzieren Sie die Grenzen für die Großlandschaften Deutschlands in der Umrisskarte und tragen Sie die Buchstaben A bis E entsprechend der Legende ein.

2. Tragen Sie in die Tabelle wesentliche Merkmale der Großlandschaften A bis E ein.

	Oberflächenformen	Geologischer Bau	Wichtige Bodentypen
A			
B			
C			
D			
E			

RÄUMLICHE ORIENTIERUNG

Bundesländer und Wirtschaftsstruktur Deutschlands

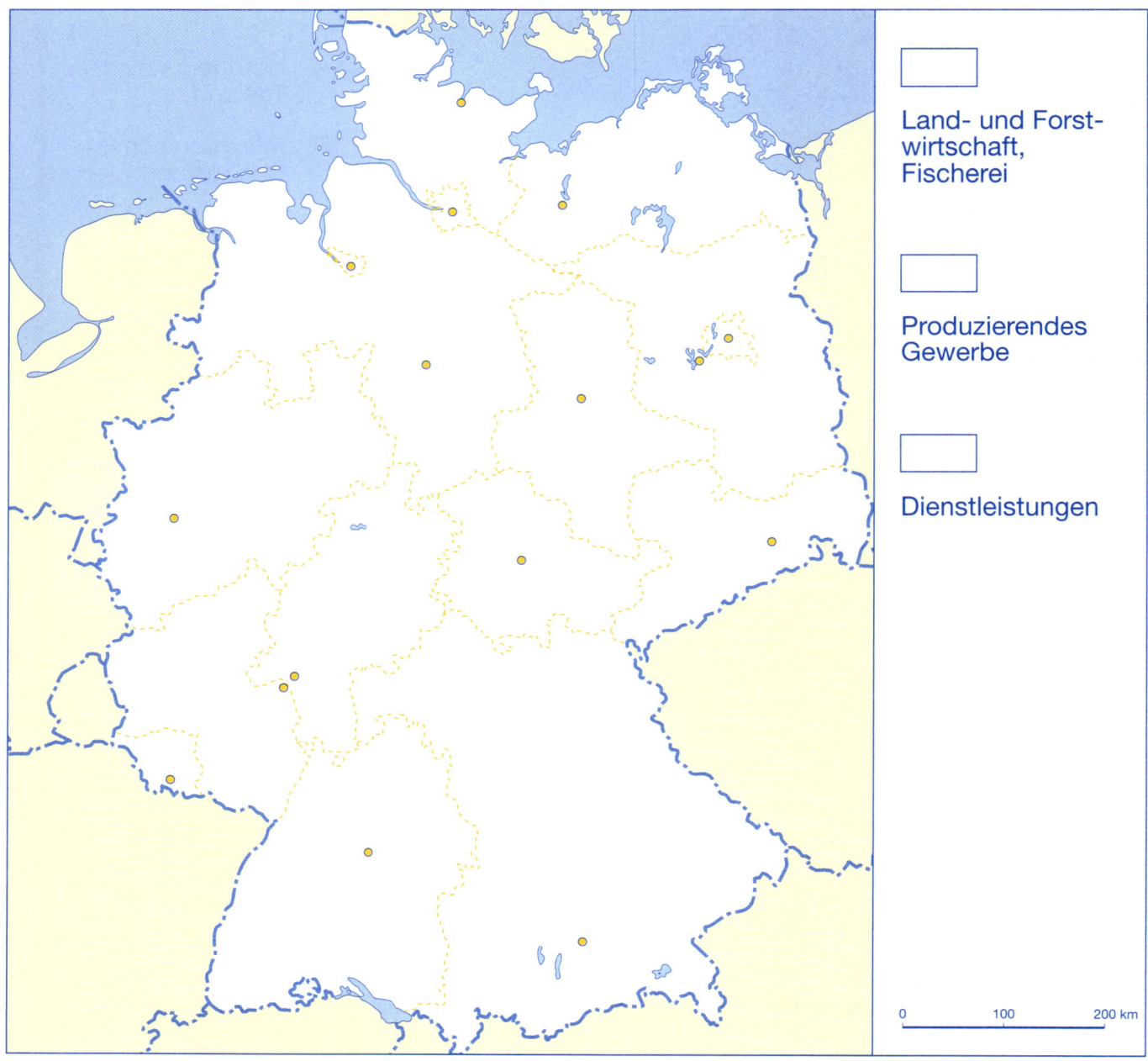

Land- und Forstwirtschaft, Fischerei

Produzierendes Gewerbe

Dienstleistungen

1. Fertigen Sie ein Kartodiagramm zur Beschäftigtenstruktur ausgewählter Bundesländer an, indem Sie in je einem Kreisdiagramm von Schleswig-Holstein, Berlin, Bayern und Ihrem Bundesland die Anteile der in der Legende genannten Wirtschaftszweige eintragen. Verwenden Sie dazu Ihr Lehrbuch (▷ S. 60) bzw. auch aktuelle Statistische Jahrbücher u. Ä.

2. Erklären Sie die Unterschiede zwischen den entsprechenden Bundesländern.

_____
_____
_____
_____
_____
_____

Deutschlands Lage in Europa

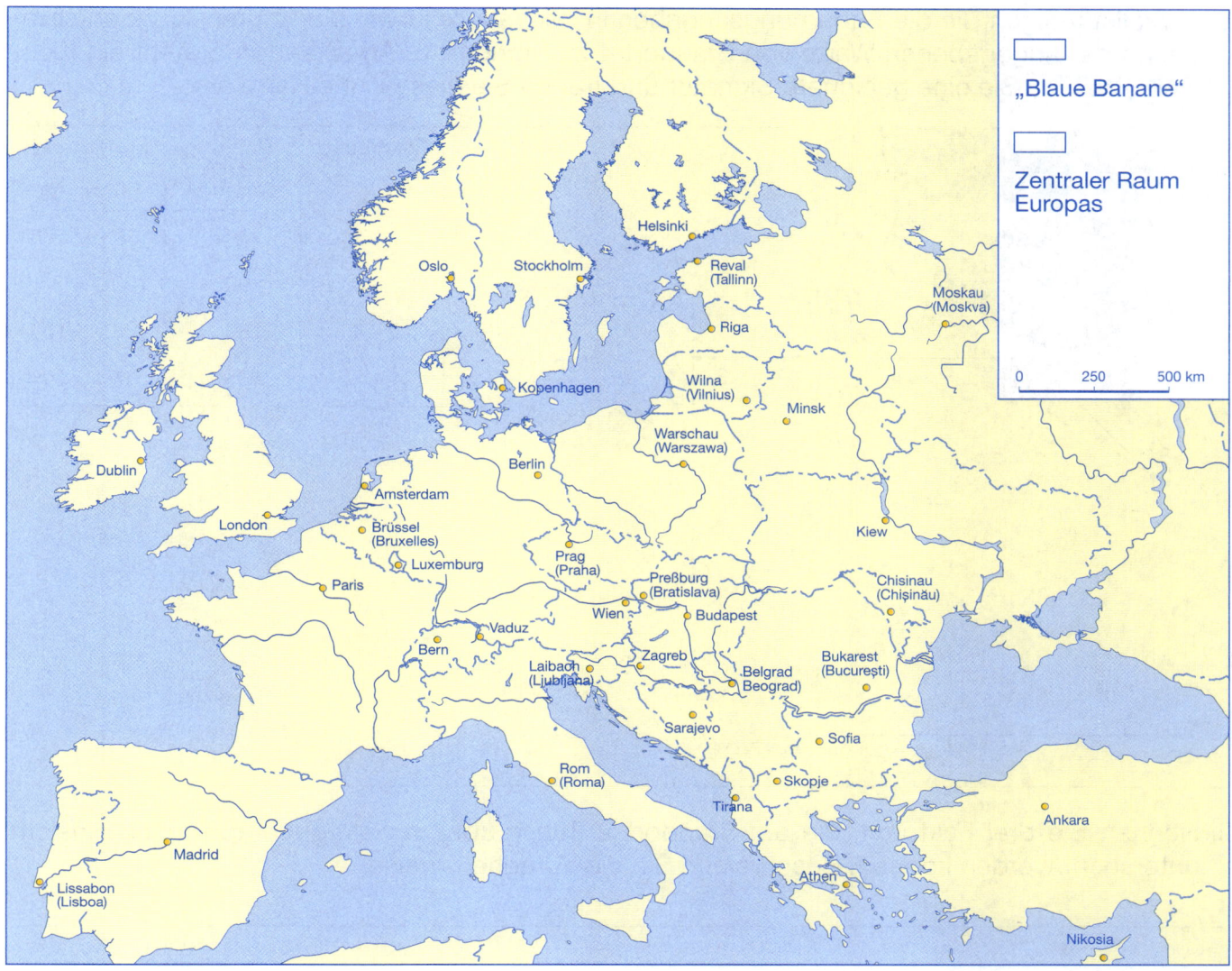

1. Ergänzen Sie die Karte Europas durch Eintragen der in der Legende angegebenen Räume und skizzieren Sie mit Pfeilen die von der „Blauen Banane" ausgehenden Verflechtungen.

2. Charakterisieren Sie die Lage Deutschlands innerhalb Europas im Hinblick auf wirtschaftliche Verflechtungen.

RÄUMLICHE ORIENTIERUNG

Exkursion: Routenaufnahme und Aufgabenstellungen

1. Vervollständigen Sie die Entfernungsangaben in der Tabelle sowie die Routenskizze entsprechend der angegebenen Werte von Standort 4 zu Standort 5. Am Standort 5 steht ein Kieswerk. Wählen Sie eine geeignete Signatur und tragen Sie diese in die Karte ein.

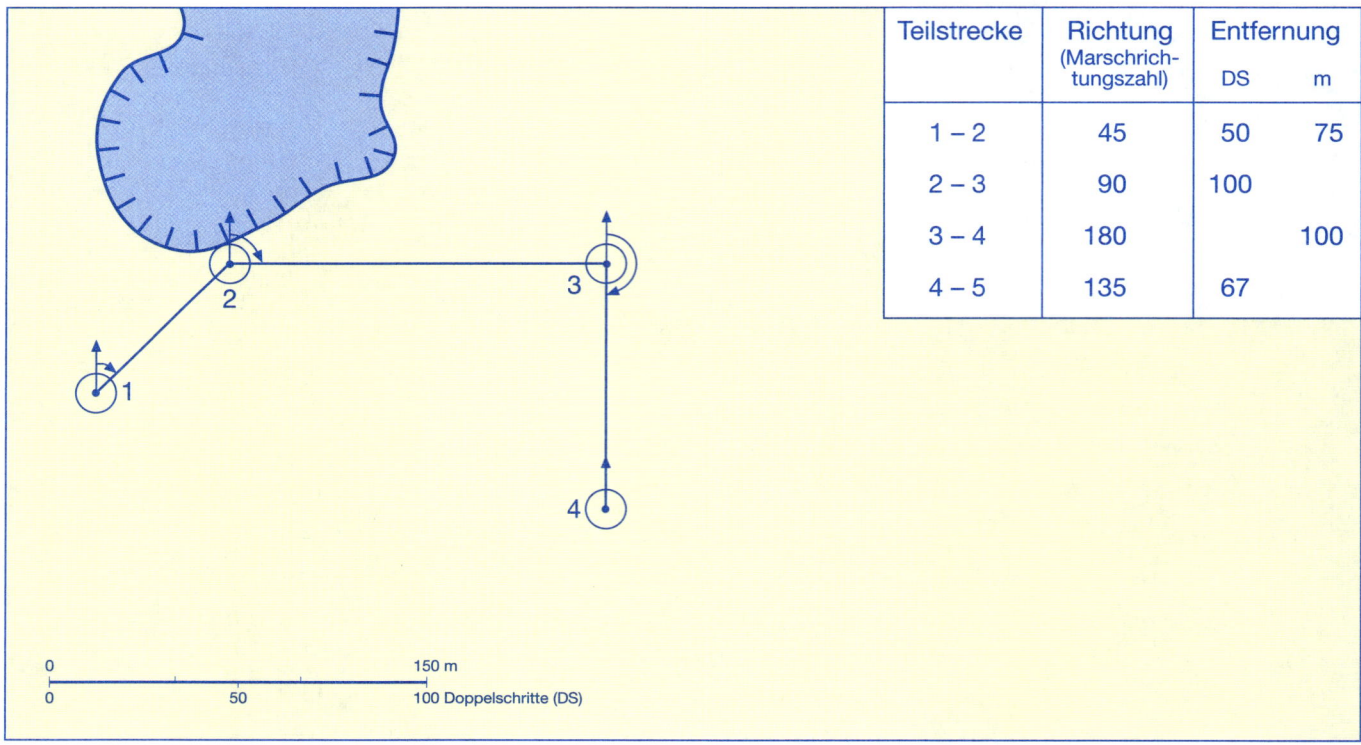

Teilstrecke	Richtung (Marschrichtungszahl)	Entfernung DS	m
1 – 2	45	50	75
2 – 3	90	100	
3 – 4	180		100
4 – 5	135	67	

2. Nennen Sie drei Faktoren, die am Standort 2 (Kiesgrube) in naturgeographischer Hinsicht untersucht werden können. Beschreiben Sie die Vorgehensweise.

_____
_____
_____
_____
_____
_____
_____
_____

3. Tragen Sie Fragen zusammen, die Sie dem Betriebsleiter eines Kieswerks in wirtschaftsgeographischer Hinsicht stellen würden.

_____
_____
_____
_____
_____
_____
_____

Die Europäische Union – ein Weg nach Europa

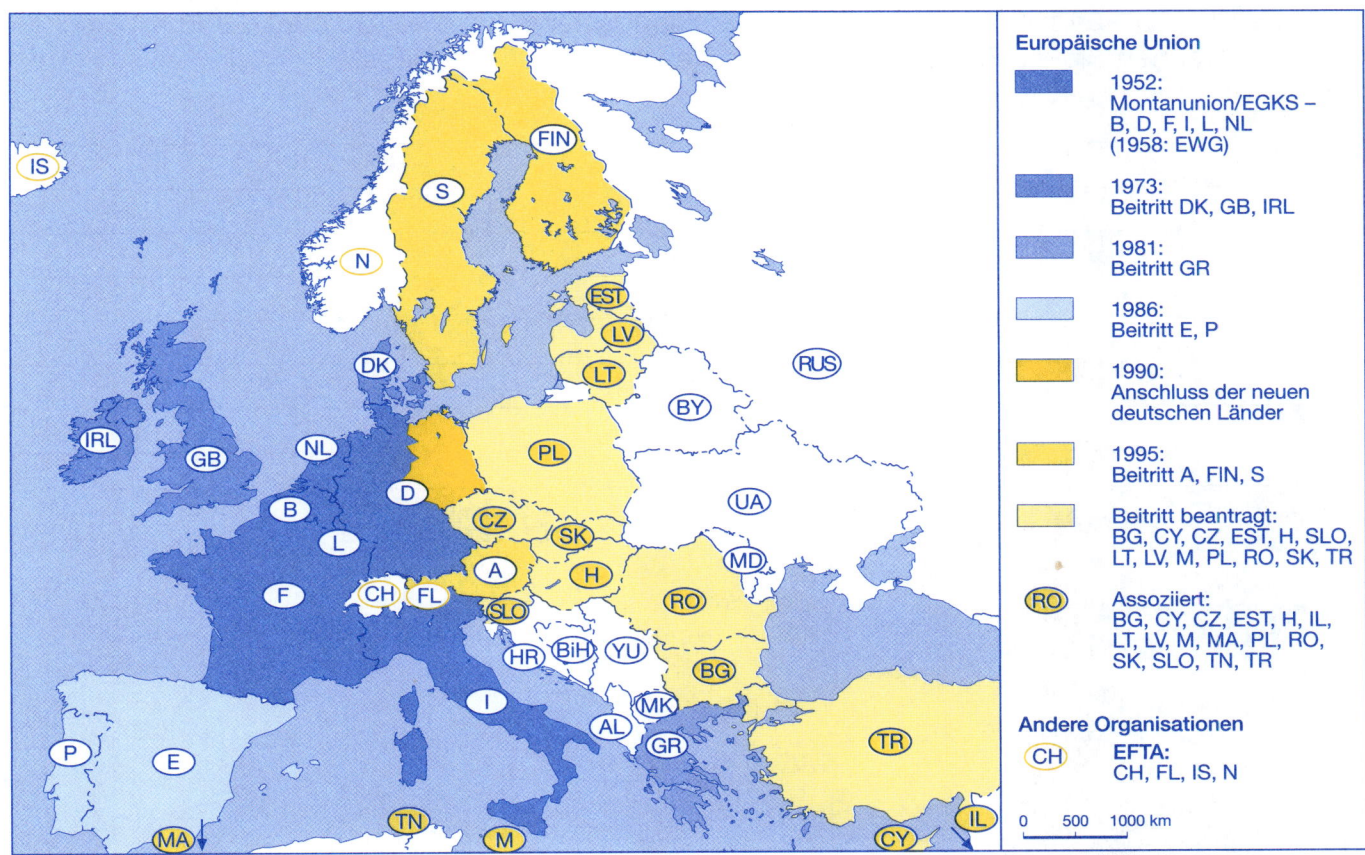

1. a) Gliedern Sie die bisherige Entwicklung der Europäischen Union in Etappen. Heben Sie in der Karte die Gründungsstaaten besonders hervor.

_____

b) Nennen Sie assoziierte Staaten und Staaten, die einen Beitritt beantragt haben.

_____

2. Die Osterweiterung der EU stellt neue Herausforderungen an das Bündnis. Erläutern Sie diese Aussage anhand der folgenden Tabelle und unter Nutzung aktueller Pressemeldungen.

1996	D	GB	PL	CZ	H	RO	EST
BSP/Kopf (in US-$)	28 870	19 600	3 230	4 740	4 340	1 600	3 080
Beschäftigte (in %):						(1994)	
Landwirtschaft	3,0	1,9	26,0	6,0	8,0	37,0	10,0
Industrie	37,0	23,2	32,0	41,0	33,0	34,0	34,0
Dienstleistung	60,0	73,5	42,0	53,0	59,0	29,0	56,0

DIE EUROPÄISCHE INTEGRATION

Regionaler Entwicklungsstand Europas

1. Vergleichen Sie anhand der Karte den Entwicklungsstand einzelner Staaten der Europäischen Union. Nennen Sie die Richtungen der Gefälle. Begründen Sie diese.

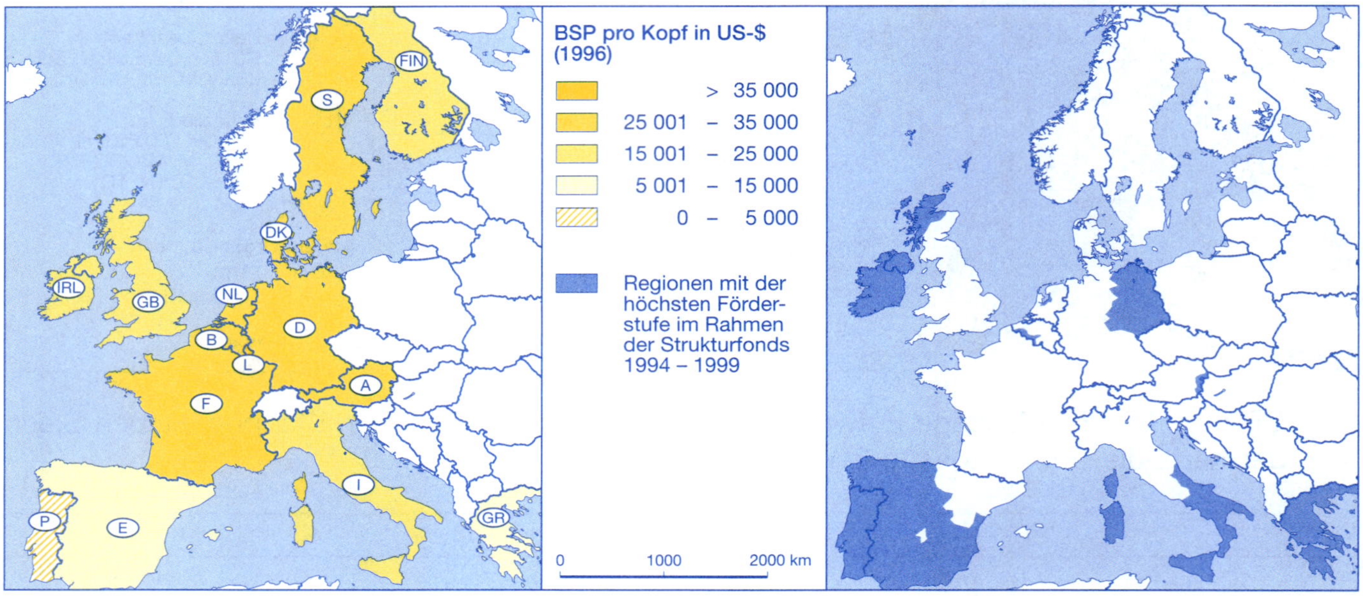

___

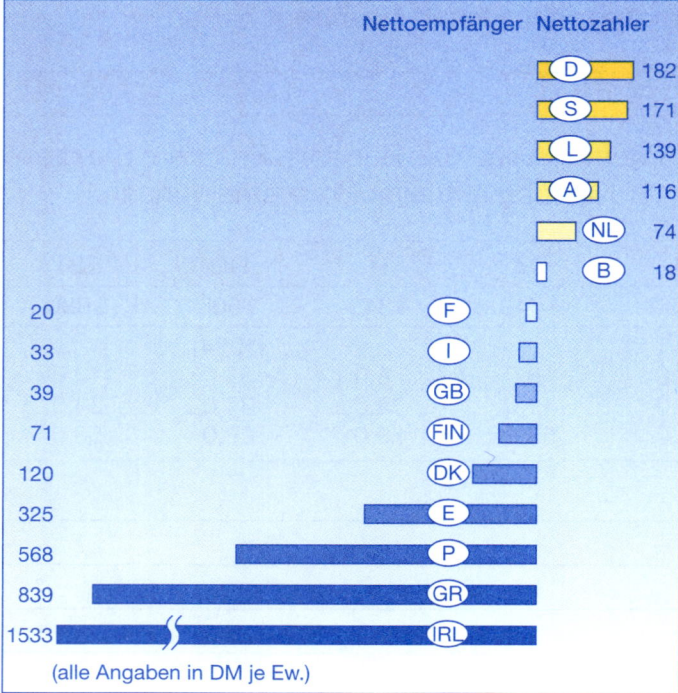

2. Nennen Sie die Hauptgeber- und Hauptnehmerländer der EU. Begründen Sie dies auch unter Einbeziehung der Karte.

DIE EUROPÄISCHE INTEGRATION

Europäische Zusammenarbeit in den Euroregionen an der Oder

1. Benennen Sie die Euroregionen an Oder und Neiße von Nord nach Süd. Ordnen Sie das jeweilige Bundesland Deutschlands und den Nachbarstaat zu.

2. Erläutern Sie die Bedeutung dieser Euroregionen mit Sicht auf die Osterweiterung der Europäischen Union.

3. Stellen Sie sich vor, dass Sie in einer dieser Euroregionen wohnen. Nennen Sie aus Ihrer Sicht sinnvolle Möglichkeiten der Zusammenarbeit.

RAUMORDNUNG UND LANDESPLANUNG

Ist Raumordnung erforderlich?

(11) Zur Deckung des Luftverkehrsbedarfes in Brandenburg und Berlin sind die Planung und der Ausbau des Flughafens Schönefeld zu einem internationalen Verkehrsflughafen als Single-Standort vordringlich zu betreiben. Damit soll gleichzeitig das vorhandene Flughafensystem abgelöst werden. Der Flughafen Berlin-Schönefeld ist mit leistungsfähigen Verbindungen zum übrigen Verkehrsnetz, insbesondere zum Schienennetz und zum öffentlichen Personennahverkehr, zu versehen. Die für den Ausbau des Flughafens sowie für seine Funktionsfähigkeit notwendigen Flächen sind zu sichern: Für die allgemeine Luftfahrt sind ergänzend regionale Flugplätze zu schaffen. Der Anteil des Kurzstreckenluftverkehrs ist zugunsten des Eisenbahnfernverkehrs erheblich zu verringern.

(aus: Staatsvertrag über das gemeinsame Landesentwicklungsprogramm der Länder Berlin und Brandenburg 1997 § 19 [11] Verkehr und Kommunikation)

Luftverkehr

Auch bei verstärkter Förderung der Eisenbahn ist mit einer Ausweitung des Verkehrsaufkommens im Luftverkehr zu rechnen. Die innerstädtischen Verkehrsflughäfen stellen jedoch durch Lärm- und Abgasemissionen eine starke Belastung dar, sie blockieren darüber hinaus Flächen hoher Lagegunst für andere Nutzungen. Der FNP geht deshalb davon aus, dass sie längerfristig durch den geplanten Großflughafen Berlin-Brandenburg International ersetzt werden. Die Schließung und Umwidmung des Flughafens Tempelhof soll innerhalb des Planungshorizonts der Flächennutzungsplanung erfolgen. Der Plan stellt an dieser Stelle städtische Bauflächen und Grünnutzungen dar. Die Flughäfen Tegel und Schönefeld – soweit auf Berliner Stadtgebiet gelegen – Schönefeld sind im Plan entsprechend ihrer Nutzung dargestellt. Über die mögliche Nachnutzung dieser Flächen wird später entschieden sein. Der bisher ausschließlich militärisch genutzte Flughafen Gatow wird aufgegeben.

(aus: Flächennutzungsplan Berlin FNP 94)

Die Wirtschaftlichkeit (Verkehrsbericht 1997)			
	Tegel	Tempelhof	Schönefeld
Richtungen (Flughäfen)	60	33	52
Länder/Linienflug	24	11	30
Länder/Charterflug	21	7	23
Start/Landungen Vergleich zu 1996 in %	122 022 +0,3	55 447 +14,4	46 411 −5,5
Passagieraufkommen Vergleich zu 1996 in %	8 731 577 +4,3	878 422 +22,3	1 954 953 +4,6
Linienverkehr Passagiere Vergleich zu 1996 in %	7 193 264 ca. +3,7	k. A. bed. Steiger.	973 418 +1,9
Inlandverkehr Passagiere Vergleich zu 1996 in %	4 952 201 +3,9	501 931 +33,9	87 607 +2,0
Luftfracht in t Vergleich zu 1996 in %	26 093 +8,0	266 −19,1	17 043 +13,1

Der geplante Großflughafen in Berlin-Schönefeld wird nach Darstellung der Flughafen-Planer einen erheblichen Beschäftigungszuwachs mit sich bringen. Die Experten rechnen bis zu seiner Eröffnung im Jahr 2007 mit etwa 17 Mio Passagieren im Berlin-Verkehr. Nach einer Faustformel bringt jede Million Passagiere pro Jahr etwa 1000 Arbeitsplätze. Demnach könne am künftigen Flughafen „Berlin Brandenburg International" mit rund 17 000 direkten Arbeitsplätzen gerechnet werden. Weitere rund 34 000 Arbeitsplätze würden im weiteren Bereich des Flughafens – beispielsweise in Reisebüros, in Telekommunikationsfirmen sowie im Hotel- und Gaststättengewerbe – entstehen. Bis zum Jahr 2010 erwarten die Experten sogar einen Anstieg des Berliner Luftverkehrs auf rund 20 Mio Passagiere – und damit auf mindestens 20 000 Arbeitsplätze im Airport-Bereich.

Schon jetzt gehören die drei Berlin-Brandenburger Flughäfen mit 11 605 Arbeitsplätzen zu den größten Arbeitgebern in der Region.

Die Flughäfen beziehen Dienstleistungen und Produkte aus der ganzen Region. Wie eine gewaltige Jobmaschine schaffen sie damit zahlreiche indirekte Arbeitspkätze in Berlin und Brandenburg.

(aus: DIE WELT, 19. 3. 1999)

Seit Jahren stehen Tegel, Tempelhof, Schönefeld und Sperenberg (neuer Standort in Brandenburg, südlich von Berlin) zur Diskussion für den Bau des Großflughafens Berlin. Werten Sie die Texte sowie die Tabelle aus. Begründen Sie die Notwendigkeit einer Raumordnung und Landesplanung. Berücksichtigen Sie die folgenden Themenstichworte: Berlin – Bundeshauptstadt, nationale und internationale Flugverbindung, Anbindung des Flughafens an das innerstädtische und regionale Schienen- und Straßennetz, Wirtschaftlichkeit der bisherigen Flughäfen.

RAUMORDNUNG UND LANDESPLANUNG

Stadterneuerung in Marburg: Flächen- oder Objektsanierung?

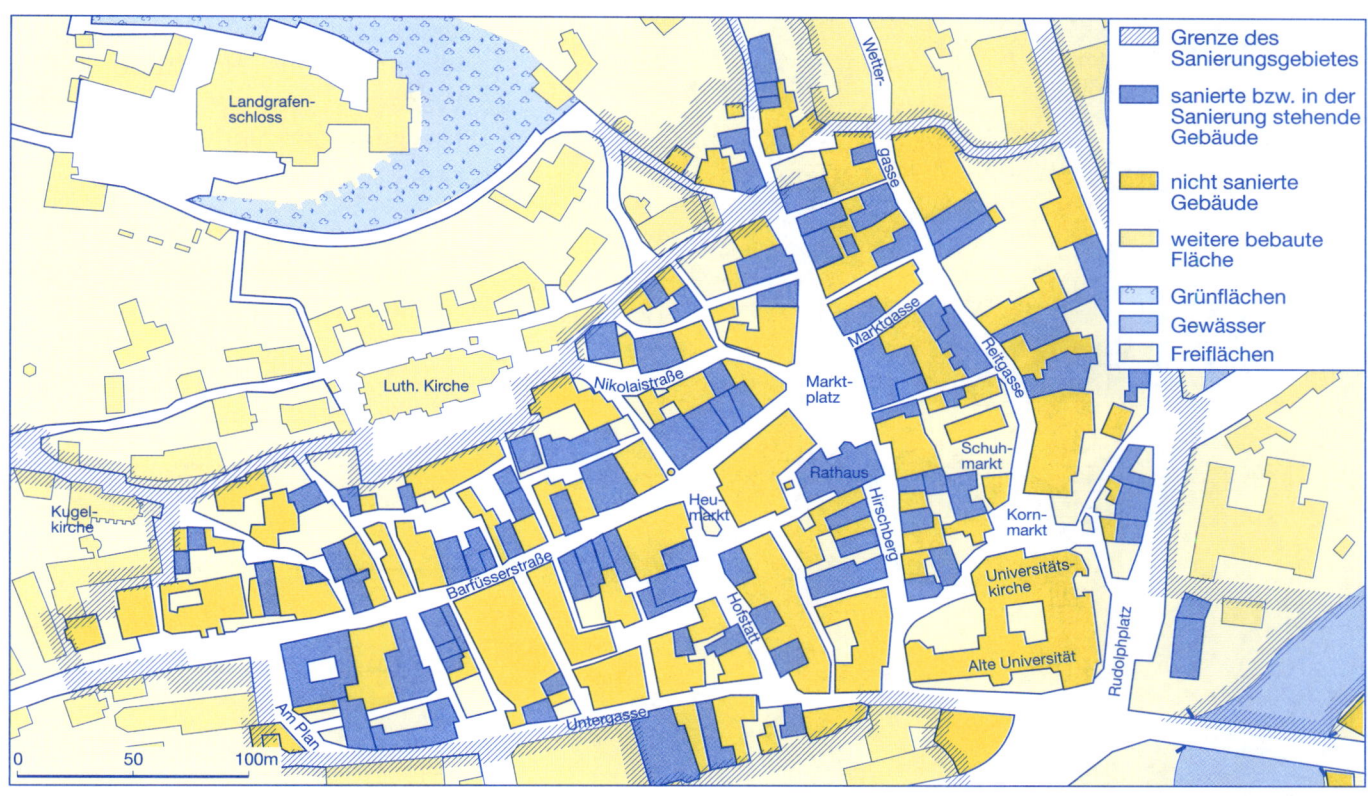

1. Zeichnen Sie auf Transparentpapier den nicht sanierten Bereich der Altstadt Marburgs. Legen Sie auf Ihrer Skizze die ausgesparten (sanierten) Flächen rot an. Welche Art der Sanierung wurde in Marburg durchgeführt?

_____
_____
_____
_____

2. Notieren Sie, welche Folgen eine Flächensanierung für die Altstadt Marburgs gehabt hätte.

_____
_____
_____
_____

3. Stellen Sie die Flächensanierung der Objektsanierung gegenüber und ermitteln Sie deren Vor- und Nachteile.

Flächensanierung
Vorteile:
_____
_____

Nachteile:
_____
_____
_____

Objektsanierung
Vorteile:
_____
_____

Nachteile:
_____
_____
_____

RAUMORDNUNG UND LANDESPLANUNG

Verkehrsprojekte Deutsche Einheit

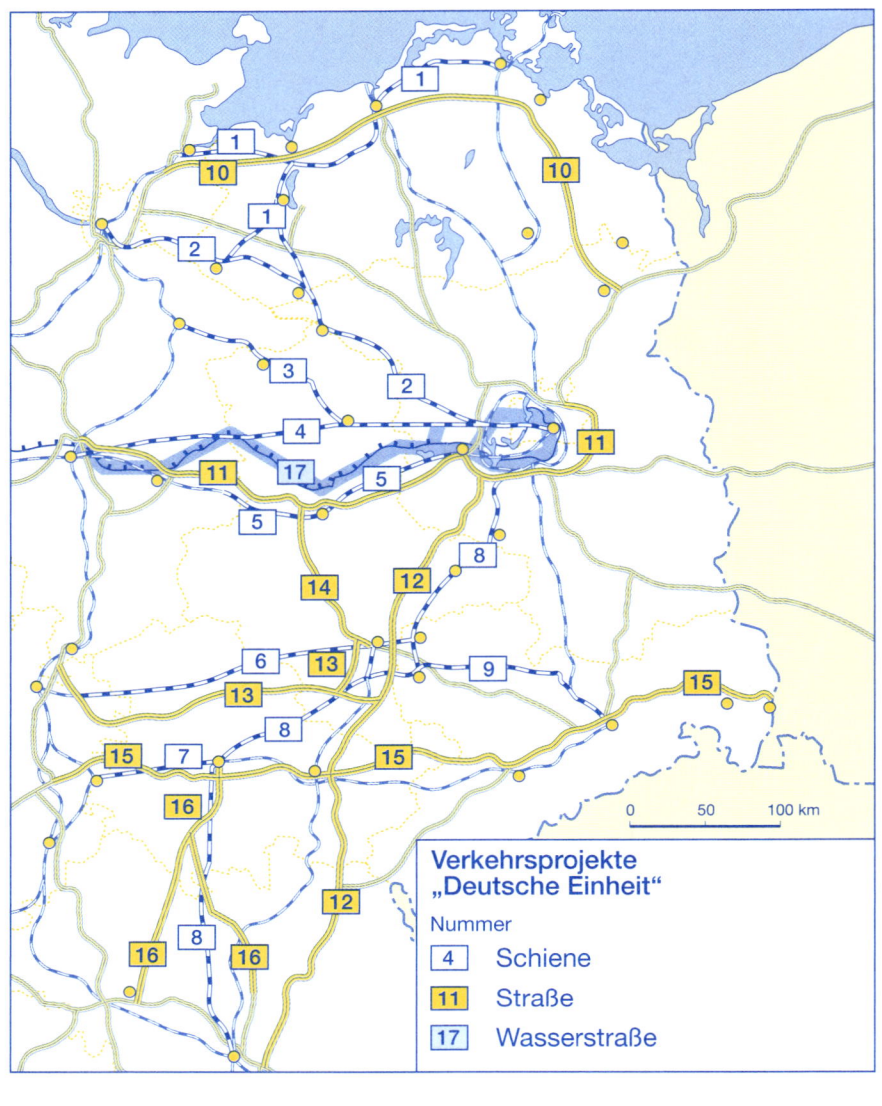

Zielsetzung der 17 Verkehrsprojekte (Schiene: 9, Straße: 7 und Wasser: 1) ist der Aufbau leistungsfähiger Verkehrswege für das gesamte Deutschland.

1. Stellen Sie den Verlauf der 7 Straßenprojekte anhand der an ihnen liegenden Städte fest.

Nr. 10 _____

Nr. 11 _____

Nr. 12 _____

Nr. 13 _____

Nr. 14 _____

Nr. 15 _____

Nr. 16 _____

2. Ermitteln Sie den Verlauf der 9 Schienenprojekte anhand der an ihnen gelegenen Städte.

Nr. 1 _____
Nr. 2 _____
Nr. 3 _____
Nr. 4 _____
Nr. 5 _____
Nr. 6 _____
Nr. 7 _____
Nr. 8 _____
Nr. 9 _____

3. Nennen Sie mithilfe des Atlas Nord-Süd verlaufende Flüsse, die der Mittellandkanal überquert bzw. teilweise als Wasserstraße nutzt.

_____
_____
_____
_____

RAUMORDNUNG UND LANDESPLANUNG

Opel Eisenach – Industriestandort auf der grünen Wiese

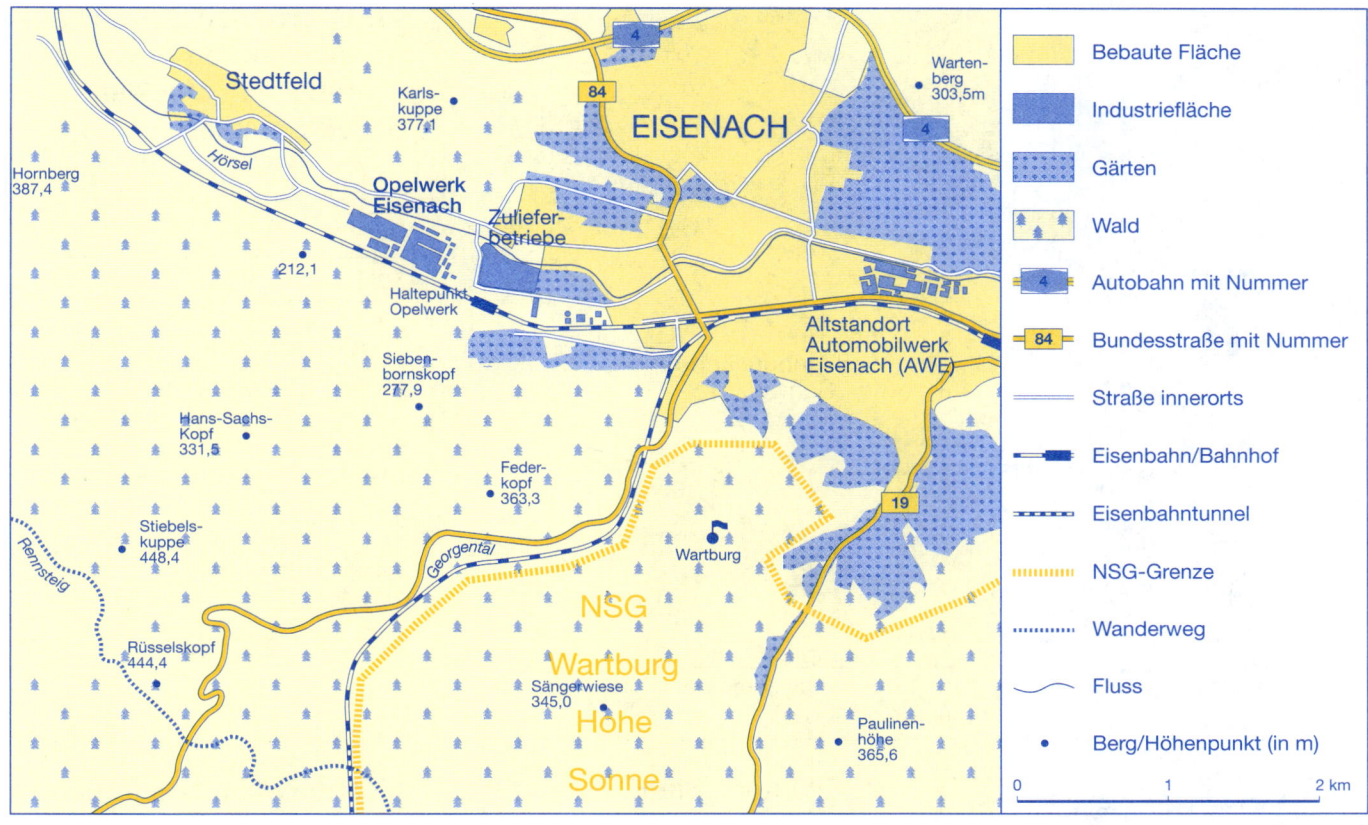

1. Erläutern Sie, warum Opel für den Bau eines der modernsten Automobilwerke Europas nicht den Altstandort des ehemaligen Wartburg-Werkes in Eisenach, sondern die grüne Wiese am Stadtrand gewählt hat.

2. Nennen und beurteilen Sie Probleme, die bei der Standortentscheidung für die Aue der Hörsel zu bewältigen waren.

3. Beschreiben Sie weitere Standortfaktoren für Opel in Eisenach.

RAUMORDNUNG UND LANDESPLANUNG

Tourismus in Mecklenburg-Vorpommern

Touristische Großprojekte
- Ferienhausanlage mit mehr als 100 Wohneinheiten
- Hotelanlage mit mehr als 400 Betten
- Camping- und Mobilheimplatz mit mehr als 200 Stellplätzen
- Sportboothafen mit mehr als 200 Liegeplätzen
- Golfplatz mit mehr als 9 Löchern
- Freizeitbad
- Vergnügungspark
- Zoologische Anlage
- Kombination der o. g. Vorhaben

(Quelle: Erlass des Ministeriums für Bau, Landesentw., Umwelt M-V, 1996)

1. Begründen Sie die Lage der Zentren des Tourismus in Mecklenburg-Vorpommern.

2. Erläutern Sie Effekte, die touristische Großprojekte haben können in
   a) bisher kaum touristisch genutzten Räumen.
   b) bereits intensiv touristisch genutzten Räumen.

3. Diskutieren Sie, warum die meisten geplanten touristischen Großprojekte in der Nähe von Zentren des Tourismus liegen (Karte).

LANDWIRTSCHAFT

Agrarräume in Deutschland

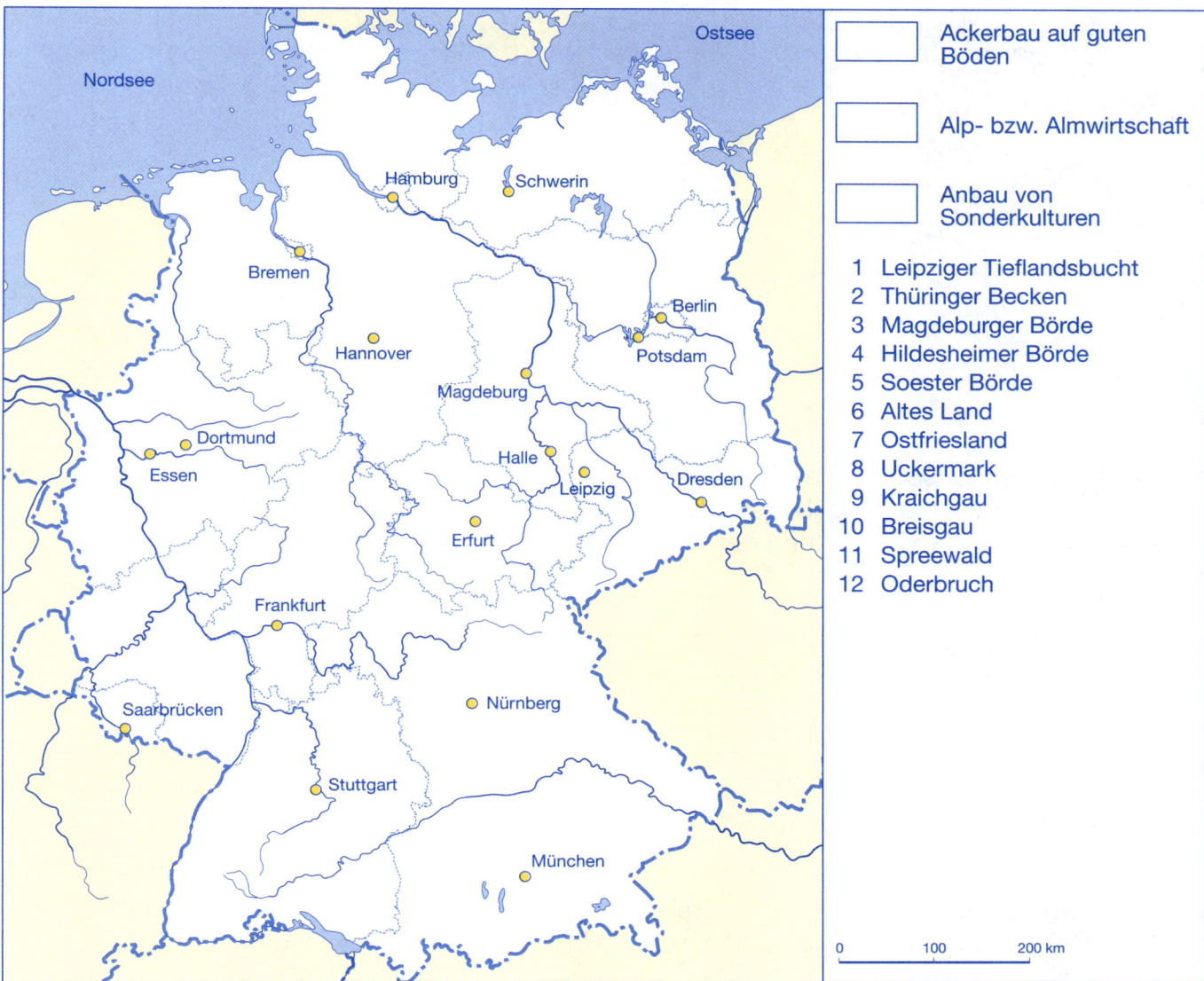

Um einen Ausgleich zwischen den Böden unterschiedlicher Güte bei Verpachtung, Verkauf und Besteuerung zu ermöglichen, wird seit 1934 für jede landwirtschaftlich genutzte Fläche eine Bodenzahl ermittelt. Sie beruht auf der Wertzahl 100 eines bäuerlichen Betriebes der fruchtbaren Magdeburger Börde und ist für alle anderen Böden die Messzahl.

1. Zeichnen Sie in die Karte mithilfe Ihres Lehrbuches bzw. Atlas ein:
- Gebiete mit Ackerbau auf gutem Boden
- Regionen mit Alp- bzw. Almwirtschaft und deren Benennungen
- Gebiete mit Anbau von Sonderkulturen: Obst, Wein, Gemüse

2. Tragen Sie mithilfe des Atlas die in der Legende genannten Agrarlandschaften ein.

3. Nennen Sie Hopfen- und Tabakanbaugebiete.

_____

_____

4. Erkundigen Sie sich in der Umgebung Ihres Schul- bzw. Heimatortes über die Bewertung des Bodens (Bodenzahl, Bodenart, Nutzungsmöglichkeiten, Maßnahmen zur Erhöhung der Fruchtbarkeit u. Ä.).

LANDWIRTSCHAFT

Deutsche Landwirtschaft in der EU

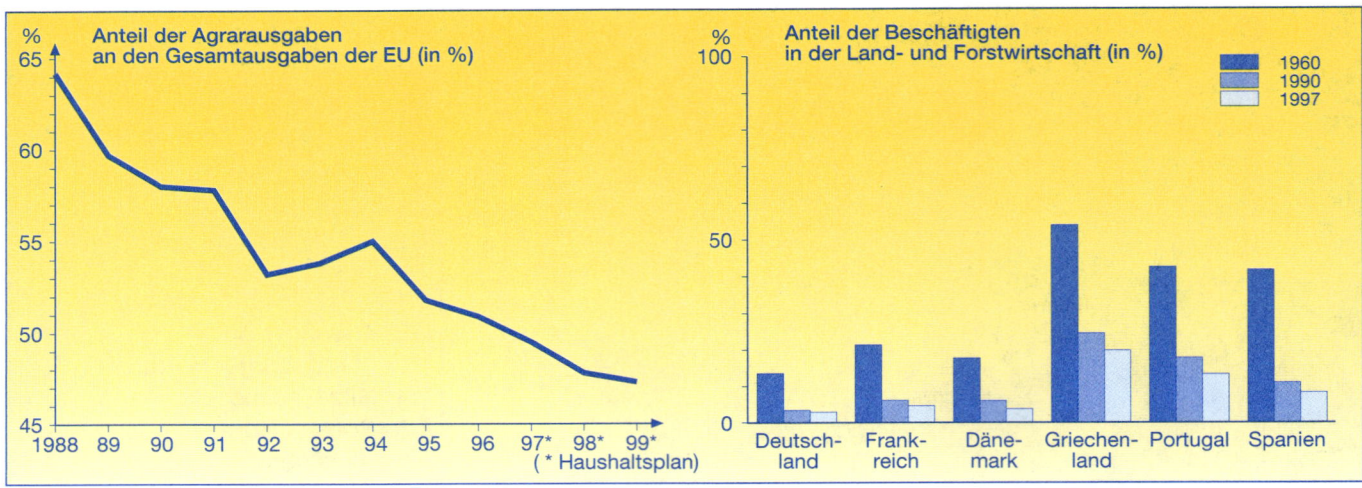

1. Die Landwirtschaftspolitik der Europäischen Union ist stets in der Diskussion. Bewerten Sie anhand der Grafik die Ausgaben der EU für den Bereich Landwirtschaft im Verhältnis zur gesamtwirtschaftlichen Bedeutung der Landwirtschaft in den jeweiligen Staaten.

2. Analysieren Sie die Pressemeldung. Diskutieren Sie mögliche Vor- und Nachteile für die deutschen Bauern. Beziehen Sie auch die aktuelle Pressemeldungen zur Agenda 2000 ein.

„Eine Zumutung für die deutschen Bauern"

Brüssel – Auf zum Teil schärfste Kritik ist das Agrarreformpaket gestoßen, das die EU-Landwirtschaftsminister geschnürt haben. Der Präsident des Deutschen Bauernverbandes nannte die Pläne eine „schwere Zumutung für die deutschen Bauern". Danach sollen die Preise für Rindfleisch vom kommenden Jahr an um 20 %, die Preise für Getreide um 20 % und der Milchpreis um 15 % gesenkt werden, das allerdings erst vom Wirtschaftsjahr 2003/2004 an. Der Agrarkompromiss liegt deutlich über der von Bundeskanzler Schröder vorgeschlagenen Sparlinie, wonach die Agrarausgaben nicht über den Stand von 1999 hinausgehen sollten. EU-Agrarkommissar Fischler nannte die Mehrausgaben „akzeptabel". Denn mit den Beschlüssen habe sich die EU „eine starke Position für die WTO-Verhandlungen geschaffen" und außerdem für die Verbraucher einen wesentlichen Effekt geschaffen: günstigere Preise.

Ob die Reform aber ausreicht, um bis zum Jahr 2006 schon ein Land aus Ost- und Mitteleuropa aufzunehmen, ließ Fischler offen. Was die Beschlüsse verteuert, sind die Rücksichten auf nationale Sonderwünsche. Bayerns Ministerpräsident Stoiber monierte, die Reform werde „auf dem Rücken der Bauern" ausgetragen, und warnte vor einem Kahlschlag. Allein in Bayern sei durch die Beschlüsse die Existenz von 10 000 bis 15 000 Höfen in Gefahr.

(aus: DIE WELT, 12. 3. 1999)

Kirchheilingen – von der LPG zur Agrargenossenschaft

Fruchtfolgen Anbaujahr	1992	1993	1994	1995	1996	1997	1998	1999	2000	
Schlag ① 80 ha	ZR	WW	WW	Mais	WW	ZR	WW	WW	Mais	ZR = Zuckerrüben WW = Winterweizen WR = Winterroggen SW = Sommerweizen SG = Sommergerste FF = Feldfutter Stl. = Stilllegung
Schlag ② 105 ha	Raps	WW	SG	SG	Raps	WW	SG	Erbsen	WW	
Schlag ③ 58 ha	FF	Stl.	Stl.	Raps	WW	WR	Raps	WW	Tridicale*	

* Tridicale = Kreuzung aus Weizen und Roggen

Die landwirtschaftliche Nutzfläche der Agrargenossenschaft ist in sieben Schläge unterschiedlicher ha-Größe eingeteilt. Sie alle unterliegen einer bestimmten Fruchtwechselwirtschaft.

1. Vergleichen Sie die Fruchtfolgen der Schläge 1 bis 3 und stellen Sie fest, welche der Kulturpflanzen in allen und welche nur in bestimmten Schlägen angebaut werden.

Anbau in allen Schlägen:
_____

Anbau nur in Schlag:
① _____
② _____
③ _____

2. Befragen Sie einen Landwirt oder Gärtner zur Fruchtwechselwirtschaft. Begründen Sie die Ursachen für dieses Vorgehen.
_____
_____
_____
_____
_____

3. Seit 1979 gibt es bis heute erhebliche Veränderungen in der Beschäftigtenstruktur und -zahl landwirtschaftlicher Betriebe durch die Aufgabe und Neugründung von Betriebszweigen.

Betriebseinheiten	1979	1999	Veränderungen in %
Leitung/Verwaltung	70	17	
Traktoristen/Pflanzenproduktion/Gülletransport	140	16	
Güllekomplex überbetrieblich	–	4	
Betriebshandwerker	67	10	
Tierproduktion	200	27	
Sonstige/Kantine	20	–	
Auszubildende	13	8	
Fleischvermarktung	–	21	
Gesamtzahl der Beschäftigten			

a) Berechnen Sie die Veränderungen der Beschäftigtenzahlen von 1979–1999. Ergänzen Sie die Tabelle.
b) Beschreiben Sie die Veränderungen in der Betriebsstruktur.
_____
_____
_____

LANDWIRTSCHAFT

Marktgartenbau auf der Insel Reichenau

1. Im Vergleich zum Wein- und Obstanbau ermöglicht der von Gemüse 2–3 Ernten im Jahr und erscheint daher den Bauern als besonders krisenfest. Begründen Sie diese Meinung der Bauern unter Berücksichtigung folgender Themenstichworte:
Starkregen, Hagelschlag, plötzliche Frosteinbrüche, Lieferschwierigkeiten, Verlust von Marktanteilen, schnelle Marktanpassung durch Umstellung auf gängigere Sorten, Veränderung der Anbaufrüchte, Konkurrenzfähigkeit u. a.:

_____
_____
_____
_____
_____
_____
_____
_____
_____

2. Zeichnen Sie eine Spinne der Transportwege von der Insel Reichenau zu den einzelnen Märkten (Lehrbuch, Atlas) mit Kilometerangabe.

3. Werten Sie den Anbauspiegel im Lehrbuch (▷ Abb. 52.1) aus, indem Sie die Vegetationsdauer der folgenden Gemüsesorten in Monaten nennen.

Kopfsalat:	_____	Weißkraut:	_____
Feldsalat:	_____	Rotkraut:	_____
Sprossen/Kresse:	_____	Kohlrabi:	_____
Petersilie:	_____	Radies:	_____
Gurken:	_____	Lauch:	_____
Tomaten:	_____	Sellerie:	_____

4. Vergleichen Sie die Vegetationsperioden von Tomaten und Kopfsalat der Insel Reichenau mit der in Ihrer Heimatgemeinde.

	Insel Reichenau	**Heimatgemeinde**
Tomaten:	____ Monate von ____ bis ____	____ Monate von ____ bis ____
Kopfsalat:	____ Monate von ____ bis ____	____ Monate von ____ bis ____

BERGBAU UND INDUSTRIE

Wirtschaftliche Verdichtungsräume in Deutschland

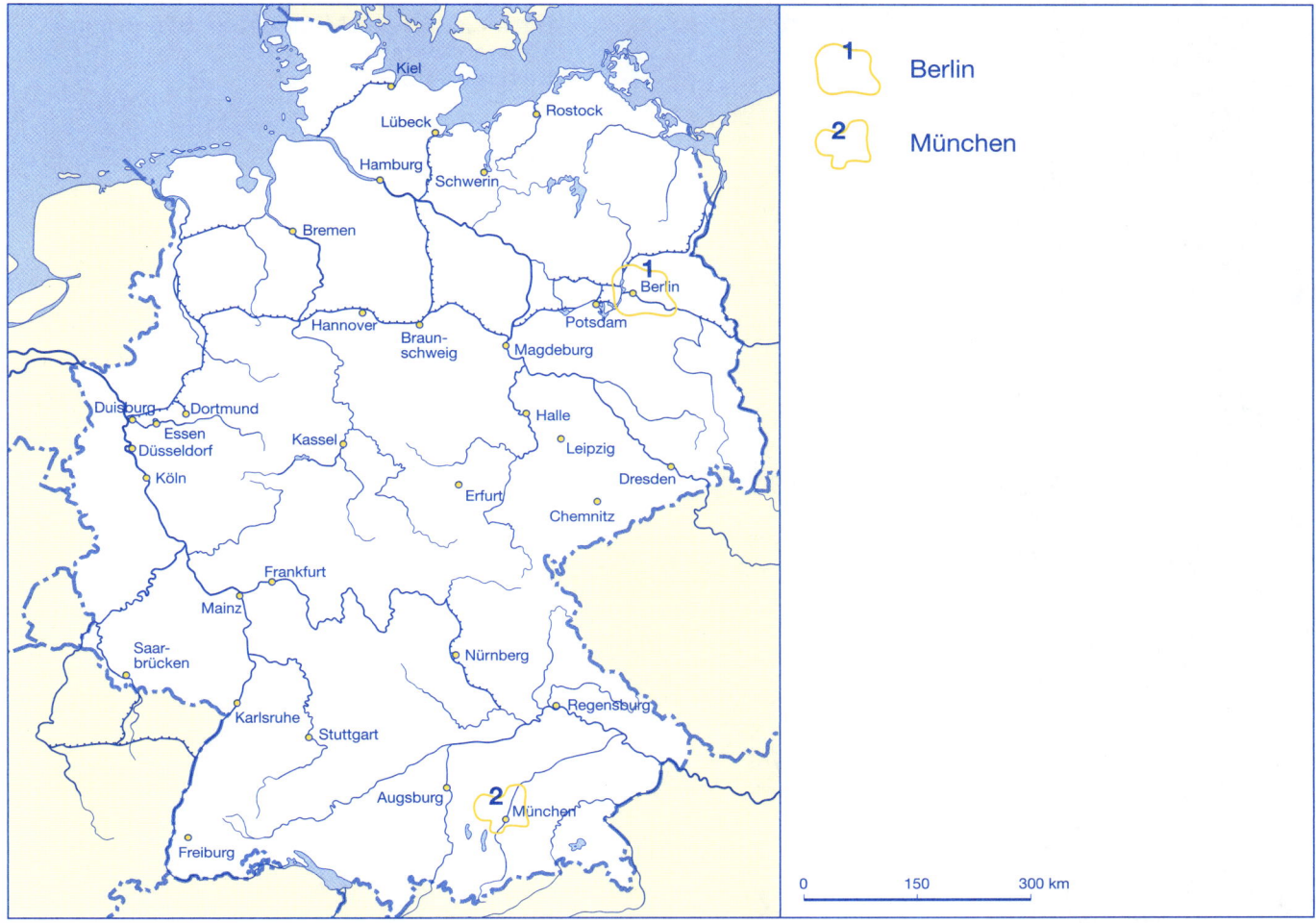

1. Tragen Sie in die Karte wichtige Verdichtungsräume Deutschlands ein. Zwei sind bereits vorgegeben. Ergänzen Sie zunächst die Legende. Verwenden Sie Ihr Lehrbuch (▷ S. 62) und den Atlas.

2. Vergleichen Sie die Wirtschaftsstruktur zweier von Ihnen ausgewählter Verdichtungsräume (Atlas, Lehrbuch). Denken Sie dabei an Ressourcen, Industriezweige, Infrastruktur, Arbeitsmöglichkeiten im Dienstleistungsbereich u. Ä. Legen Sie eine Tabelle an.

BERGBAU UND INDUSTRIE

Strukturwandel im Industriegebiet Halle-Bitterfeld-Leipzig

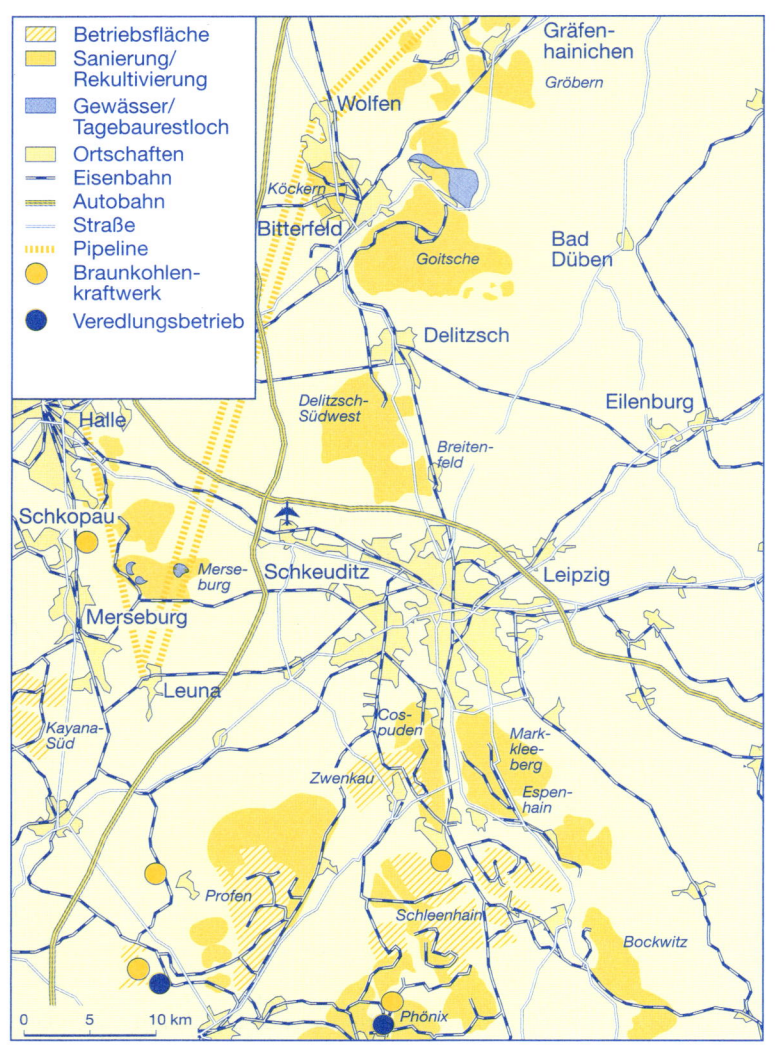

Entwicklung des Mitteldeutschen Braunkohlenreviers			
Beschäftigte:			
1989:	59 800	1994:	8 100
1990:	46 800	1996:	5 000
1992:	17 400	1998:	4 020
Braunkohlenförderung (in Mio t):			
1989:	105,7	1994:	22,3
1990:	80,9	1996:	16,8
1992:	36,3	1998:	13,6

1. a) Untersuchen Sie anhand der Tabellen und der Karte die Entwicklung des Mitteldeutschen Braunkohlenreviers. Erläutern Sie sich daraus ergebende Probleme.

_____
_____
_____
_____
_____
_____
_____
_____
_____
_____

Braunkohlenvorräte im Mitteldeutschen Revier (in Mrd t)	
Geologische Vorräte:	10,0
Derzeit gewinnbare Vorräte:	2,2
Erschlossene und konkret geplante Tagebaue:	0,7

b) Bewerten Sie die Zukunftschancen der Braunkohle und des Braunkohlenbergbaus.

_____
_____
_____
_____
_____
_____

3. Die Veränderungen im Braunkohlenbergbau zogen auch einen Wandel der chemischen Industrie nach sich, da diese bis 1990 zu ca. 40 % auf der Verarbeitung der Kohle basierte.
   a) Tragen Sie in die Karte die Standorte der chemischen Industrie ein (Atlas).
   b) Beschreiben Sie die verkehrstechnische Anbindung des Industriegebietes (Karte, Atlas).

_____
_____
_____
_____

BERGBAU UND INDUSTRIE

Radiumbad Schlema – vom Uranbergbau zum Kur- und Badeort

1. Ordnen Sie die Lage von Schlema ein. Ergänzen Sie dazu die Legende.

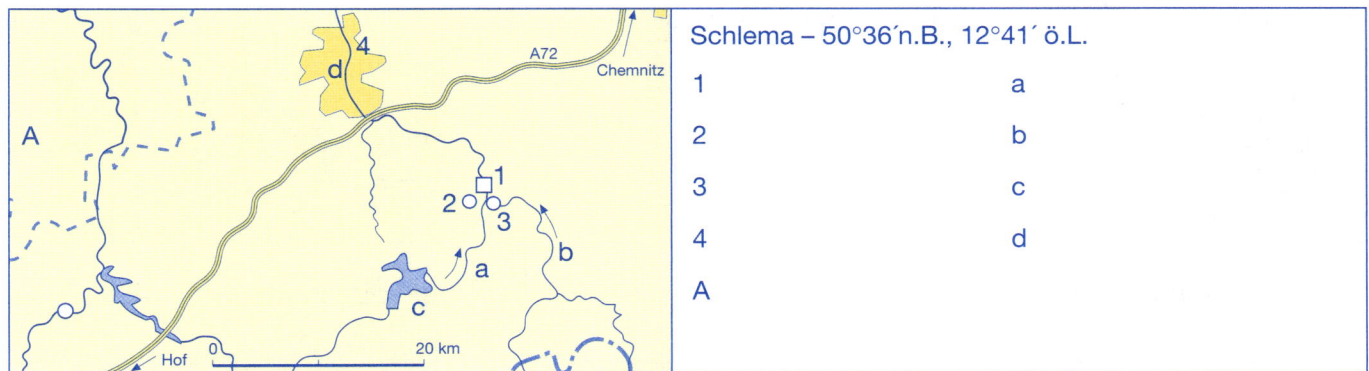

Schlema – 50°36´n.B., 12°41´ö.L.

1 _____ a _____
2 _____ b _____
3 _____ c _____
4 _____ d _____
A _____

ab 14. Jh. im Schlematal: Fe 🌲🌲🌲 Ag 1908–1911 seit 1913	**2.** Nennen Sie die vorhandenen Rohstoffe. Welche Wirtschaftsbereiche entwickelten sich im Erzgebirge? _____ _____ Entdeckung der stärksten _____ quellen der Welt Oberschlema entwickelt sich zum weltberühmten Kurbad
1946–1989/1990 „Erz um jeden Preis" ↓ Uranerz U ↓ SDAG Wismut in Schlema: – 56 Schächte – bis in 1800 m Tiefe – 39 Halden auf 314 ha mit 45 Mio m³ Gestein – 74 000 t Uranerz	**3.** Welche Bedeutung hatte dieses Uranerz für den damaligen „Ostblock"? _____ _____ _____ _____ **4.** Wie wirkte sich der ungehemmte Bergbau auf die Region aus? _____ _____ _____ _____
seit 1990: **Umgestaltung der Bergbaulandschaft** – Revitalisierung der Gemeinde Schlema **Schaffung der Grundlagen für den Kurbetrieb** – Entwicklung zum Kur- und Heilbad Schlema ↓ EXPO 2000 Infos unter: 0 37 71/29 02 15 0 37 71/21 56 01	**5.** Erläutern Sie Maßnahmen zur Beseitigung der Bergbauschäden. _____ _____ _____ _____ **6.** Nennen Sie Vorhaben, die umgesetzt werden müssen, um Schlema wieder als Kurbad zu nutzen. _____ _____ _____ _____

BERGBAU UND INDUSTRIE

Wirtschaftsförderung in den neuen Bundesländern

Transferleistungen in die neuen Bundesländer	1991	1992	1993	1994	1995	1996	1997
insgesamt (in Mrd DM)	139	152	168	168	185	184	178
davon: Sozialleistungen	56	69	78	73	79	74	69
Subventionen	8	10	11	17	18	16	16
Investitionen	22	23	26	26	34	39	36
nicht aufteilbare Finanzzuweisungen	53	50	53	52	54	55	57

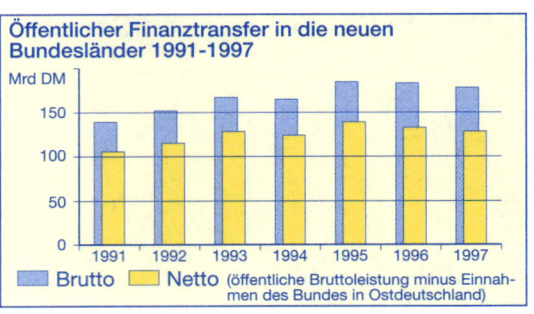

Öffentlicher Finanztransfer in die neuen Bundesländer 1991-1997

Brutto ▪ Netto (öffentliche Bruttoleistung minus Einnahmen des Bundes in Ostdeutschland)

1. Vergleichen Sie die Aussagekraft und den Informationsgehalt der Tabelle mit der Grafik.

2. Treffen Sie Aussagen zur Entwicklung der Wirtschaftsförderung in den neuen Bundesländern insgesamt sowie in Bezug auf Sozialleistungen, Subventionen und Investitionen.

3. Nennen Sie Beispiele zur Verwendung der Fördergelder für die genannten Bereiche:

Sozialleistungen: _____

Subventionen: _____

Investitionen: _____

4. Begründen Sie die Notwendigkeit einer verstärkten Förderung von Investitionen für den Strukturwandel in den neuen Bundesländern.

Von der Industrie- zur Dienstleistungsgesellschaft

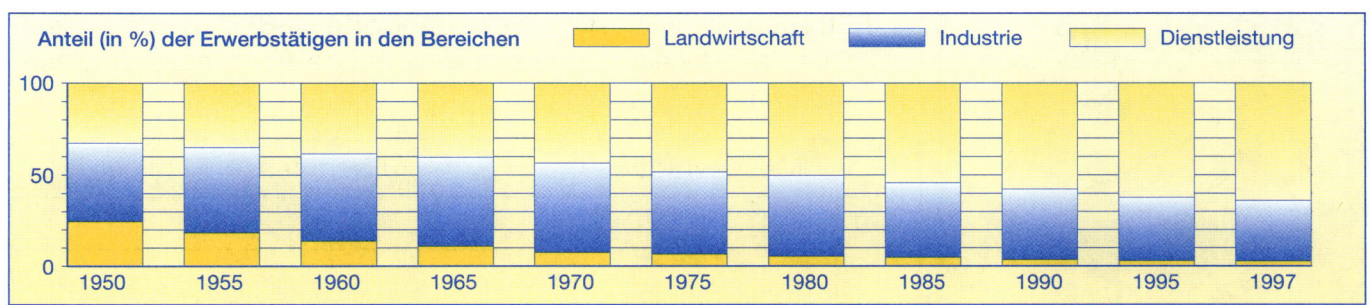

1. Beschreiben Sie die Veränderungen in der Beschäftigtenstruktur der Bundesrepublik Deutschland von 1950 bis heute.

2. Stellen Sie in einer Tabelle gegenüber, welche Standortfaktoren die Ansiedlung von produzierenden Betrieben und von Dienstleistungsbetrieben bestimmen.

Standortfaktoren: • *harte Standortfaktoren:* nicht oder kaum veränderbare Faktoren (meist materielle, infrastrukturelle bzw. natürlich gegebene) • *weiche Standortfaktoren:* gestaltbare Faktoren (meist juristische, ideelle, kulturelle, psychologische) Standortfaktorengruppen: • *Natur:* z. B. Rohstoffe, Klima, Umweltsituation, Baugrund • *Bevölkerung:* z. B. Arbeitskräfte, Qualifikation, Bevölkerungsdichte • *Lage:* z. B. Lage zum Markt/zu den Märkten, topographische Lage /z. B. Küste) • *Gesellschaft:* z. B. Entwicklungsstand, Steuern, Gesetze, politische Stabilität • *Infrastruktur:* z. B. Verkehrsnetz, Entsorgung, Kommunikation, Energie • *Wirtschaft:* z. B. Zulieferer, Dienstleistungen, Kooperationsmöglichkeiten	Produzierende Betriebe	Dienstleistungsbetriebe

3. Beschreiben Sie mögliche Veränderungen in der wirtschaftsräumlichen Verteilung von Betrieben durch die Verschiebung von der Industrie- zur Dienstleistungsgesellschaft.

DIENSTLEISTUNG

Messestandorte – Wirtschaftsfaktor im Dienstleistungsbereich

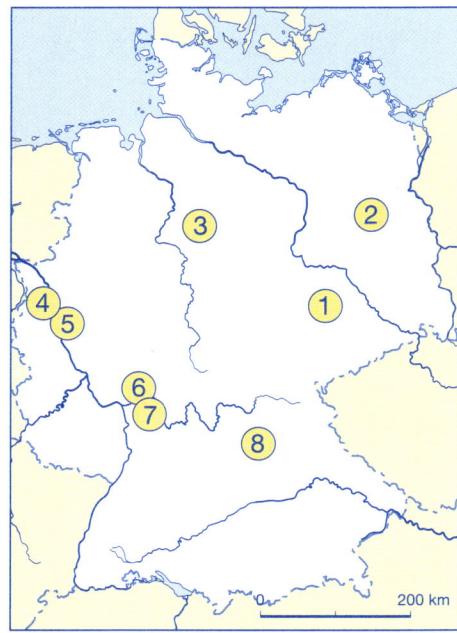

1. Tragen Sie wichtige Messestandorte (1–8) Deutschlands in die Tabelle ein. Nennen Sie wichtige Fachmessen dieser Standorte (Auswahl).

	Messestadt	Fachmessen
1		
2		
3		
4		
5		
6		
7		
8		

Standort Leipziger Messe

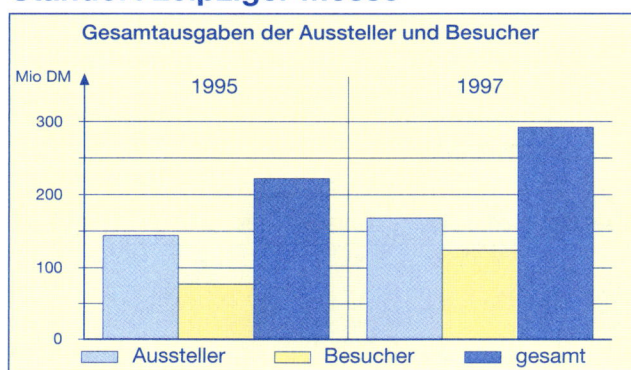

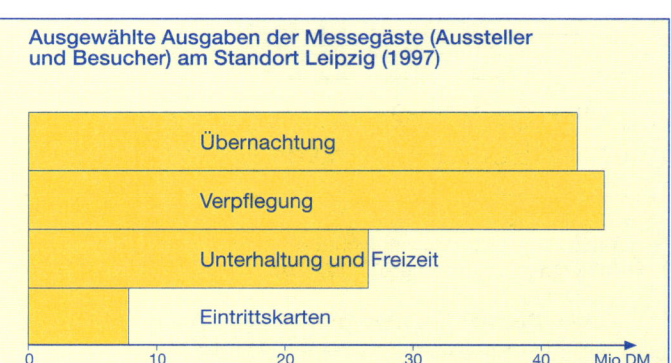

ifo-Studie 1998
(Geschäftsbericht Leipziger Messe, 1997)
„Die Messeaktivitäten kommen in großem Umfang der regionalen Wirtschaft zugute, sei es den Hotels, Gaststätten, Verkehrsbetrieben, dem Reinigungsgewerbe, den Handwerksbetrieben, den Druckereien, die messeaffine Leistungen erbringen".

2. Begründen Sie diese Aussage.

ifo-Studie 1998
(Geschäftsbericht Leipziger Messe, 1997)
„Infolge der Leipziger Messen, Kongresse und Sonderveranstaltungen ergab sich eine Beschäftigung von 4400 Personen, davon 3600 in den neuen Bundesländern. Direkt angestellt bei der Leipziger Messe sind dagegen knapp 300 Mitarbeiter.

3. Erläutern Sie den „Widerspruch" dieser Aussage hinsichtlich der Beschäftigungszahlen. Nennen Sie Berufsgruppen im Dienstleistungsbereich, die direkt und indirekt im „Messegeschäft" stehen.

Urlaub in Deutschland

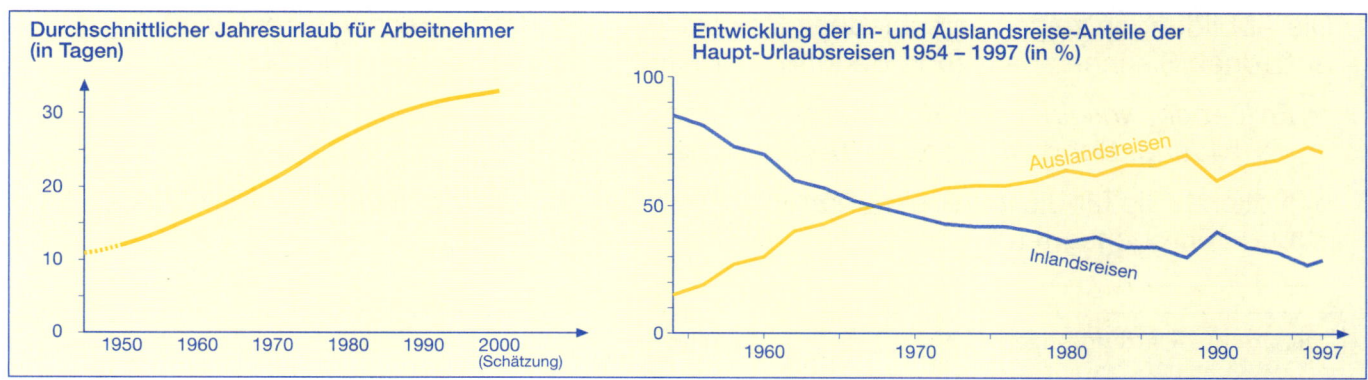

1. Erläutern Sie den Zusammenhang zwischen der Entwicklung von gesellschaftlichen Rahmenbedingungen (Freizeit, Einkommen u. a.) für Urlaub und der Veränderung des Inlands- und Auslandsreiseverhaltens.

2. Begründen Sie die unterschiedliche räumliche Intensität der Übernachtungen innerhalb Deutschlands (Naturraumpotenzial, kulturhistorisches Potenzial, Geschäftstourismus u. a.). Nutzen Sie dazu auch den Atlas.

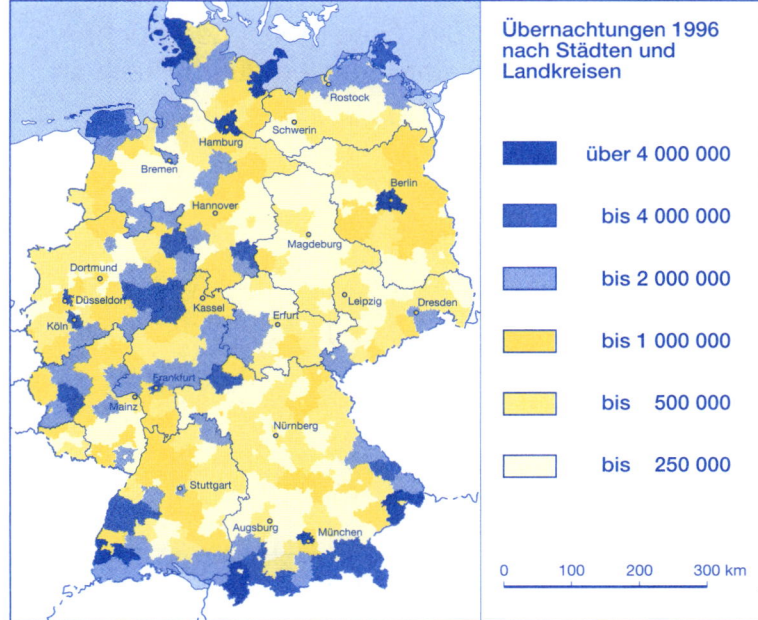

ENDOGENE UND EXOGENE PROZESSE

Platten in Bewegung

1. Die Abbildungen zeigen verschiedene Bewegungen an Plattengrenzen (Draufsicht).
   a) Ordnen Sie ihnen passende Begriffe zu (Mehrfachnennungen sind möglich):

   Erdbeben, Inselbögen, Kontinentaler Grabenbruch, Mittelozeanischer Rücken, Ozeanneubildung, Subduktionszone, Tiefseegraben, Vulkanismus, Faltengebirge

   b) Notieren Sie für die jeweiligen Plattengrenzen Beispielgebiete. Nutzen Sie geeignete Atlas- und Lehrbuchkarten.

Divergente Plattengrenzen 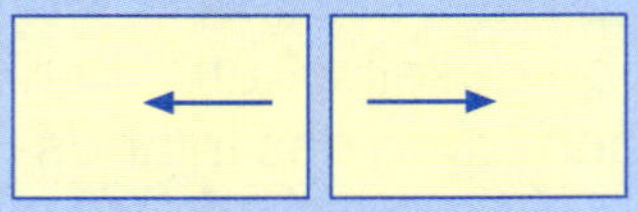 ← →	Begriffe: Beispielgebiete:
Konvergente Plattengrenzen 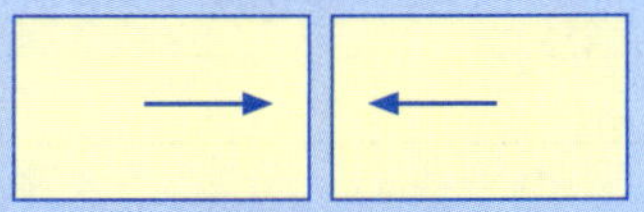 → ←	Begriffe: Beispielgebiete:
Konservierende Plattengrenzen 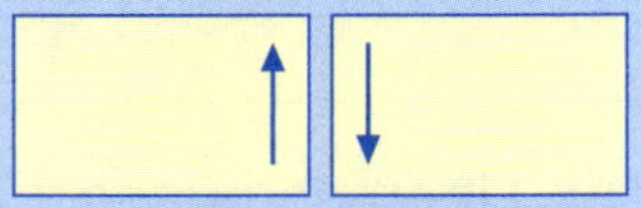 ↑ ↓	Begriffe: Beispielgebiete:

2. a) Zeichnen Sie Großplatten in die Karte ein und bezeichnen Sie diese (Atlas, Lehrbuch).
   b) Deuten Sie divergente, konvergente und konservierende Plattengrenzen durch Pfeile an.

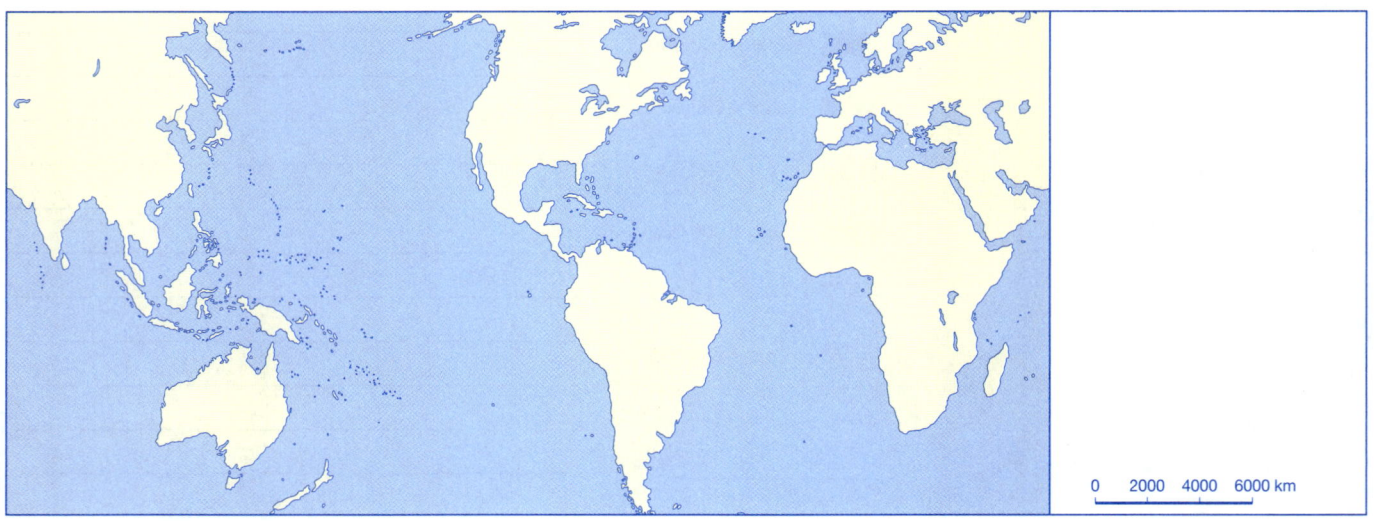

ENDOGENE UND EXOGENE PROZESSE

Erdbeben und Vulkanismus in Deutschland

Erdbeben in und um Deutschland, Jan. 1968 bis Dez. 1995 mit einer Magnitude ≥ 3 (Daten mit Genehmigung der Bundesanstalt für Geowissenschaften und Rohstoffe)

1. Benennen Sie erdbebengefährdete Gebiete in Deutschland.

2. Nennen Sie stichwortartig Ursachen für Erdbeben in Deutschland.

3. In der **Vulkaneifel** zeugen Schlackenkegel und Maare von einem quartären Vulkanismus. Stellen Sie stichpunktartig die Entstehung der Vulkaneifel-Landschaft dar.

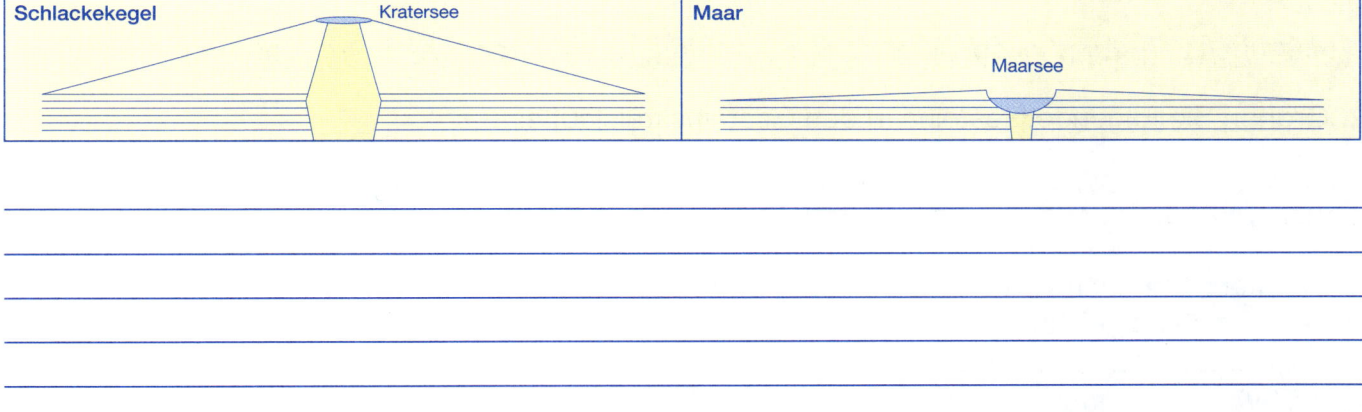

4. Tertiärer Vulkanismus im Erzgebirge.
   a) Bezeichnen Sie die Schichten.
   b) Einige markante Berge des Erzgebirges sind Reste tertiärer vulkanischer Decken. Erläutern Sie die Entstehung dieser Bergformen (▷ LB S. 92).

ENDOGENE UND EXOGENE PROZESSE

Werden und Vergehen von Gesteinen

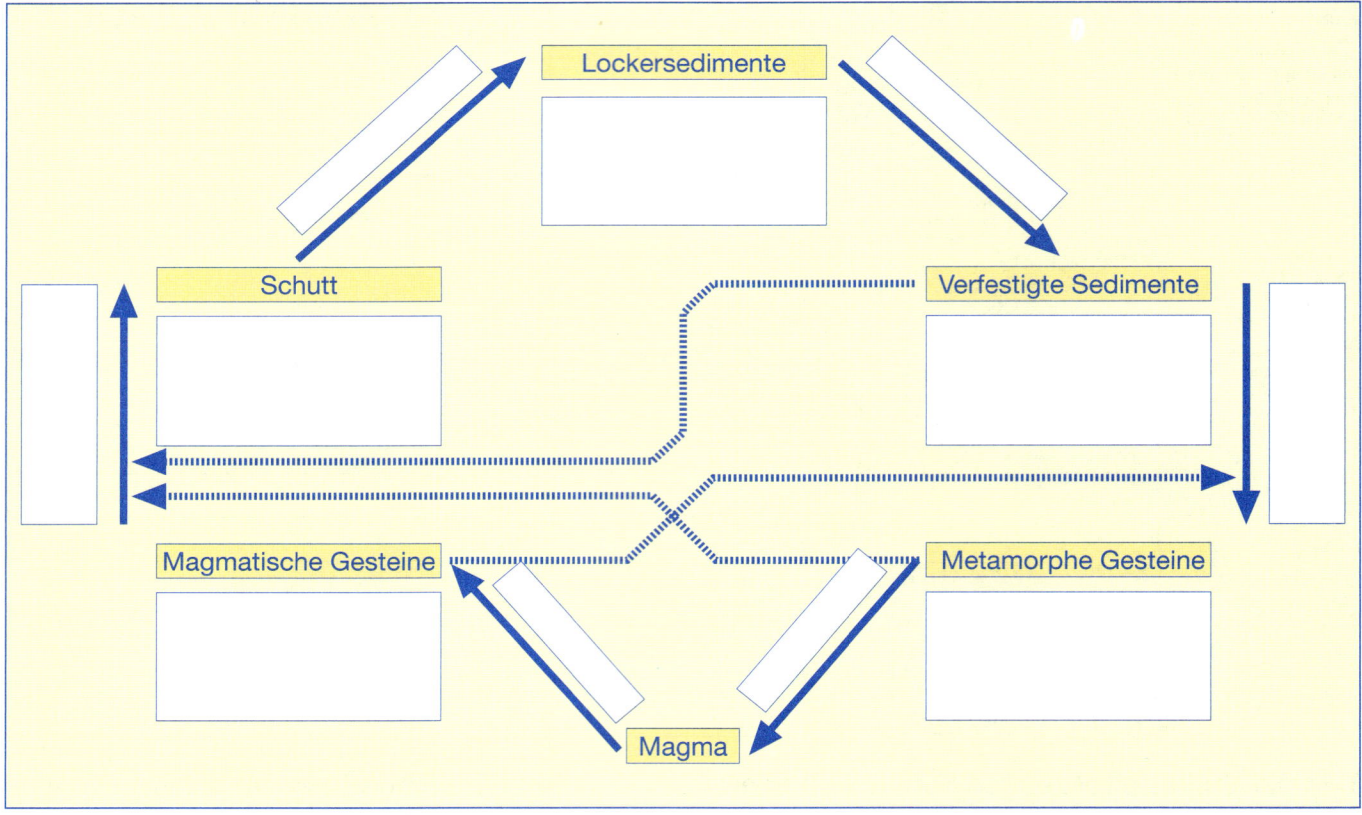

1. Tragen Sie folgende Begriffe an den Pfeilen im Gesteinskreislauf ein:

Aufschmelzung, Diagenese, Hebung/Verwitterung, Metamorphose, Schmelzaufstieg, Transport

2. Ordnen Sie folgende Gesteine in den Gesteinskreislauf ein:

Basalt, Diabas, Diorit, Gips, Gneis, Granit, Kalkstein, Kies, Konglomerat, Marmor, Porphyr, Quarzit, Sand, Sandstein, Schiefer, Ton, Verwitterungsschutt

3. Erläutern Sie stichwortartig die Entstehung folgender Gesteine. Verwenden Sie Begriffe aus dem Gesteinskreislauf.

Gestein	Entstehung
Granit	
Sandstein	
Marmor	

ENDOGENE UND EXOGENE PROZESSE

Analyse eines Bodenprofils

Skizze	**Horizont**		**Bodenart, Feuchtigkeit, Farbe, Bodentiere, Durchwurzelung, Abgrenzung der Horizonte**
	Bezeichnung	Tiefe in cm	

Ort: _____ Datum: _____ Höhe über NN: _____ Wetterlage: _____

Gelände: _____ Hangneigung: _____ Hangexposition: _____

Vegetation: _____ Fruchtfolge: _____ Düngung: _____

Bearbeitung: _____ Geologie: _____ Bodentyp: _____

© 1999 Schroedel Verlag GmbH, Hannover

ENDOGENE UND EXOGENE PROZESSE

Wasser verändert die Erdoberfläche

1. Vervollständigen Sie die Angaben für die Hauptabschnitte eines Flusses im Mittelgebirgsland.

Fluss-abschnitt	Name, Profil und Merkmale der Talform	Tiefenerosion – Seitenerosion (Relation: <, =, >) Hangabtragung
Oberlauf		
Mittellauf		
Unterlauf		

2. Prallhang und Gleithang an einem Flussmäander:

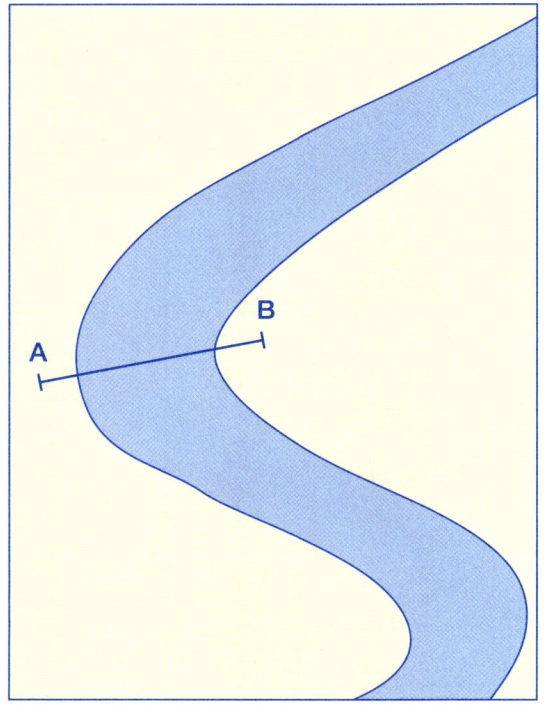

a) Tragen Sie den Stromstrich in den Flusslauf ein.
b) Zeichnen Sie ein Profil von A nach B.

c) Beschreiben Sie die Tätigkeit des fließenden Wassers an Prall- und Gleithang und gehen Sie auf regulierende Maßnahmen durch den Menschen ein.

_____
_____
_____
_____
_____
_____
_____

ENDOGENE UND EXOGENE PROZESSE

Der Mensch gestaltet die Erdoberfläche

1. Nennen Sie Beispiele für die Veränderung des Reliefs durch die menschliche Tätigkeit:

Entstehung von Vollformen: _____

Entstehung von Hohlformen: _____

2. Begründen Sie die Notwendigkeit je einer der genannten Tätigkeiten. Wägen Sie Vor- und Nachteile ab und bieten Sie mögliche Alternativen an.

_____

3. Eine Trinkwassertalsperre soll im Mittelgebirge gebaut werden. Denken Sie über mögliche Argumente dafür und dagegen nach und listen Sie diese auf.

Pro	Kontra

29

WETTER UND KLIMA

Wetterbeobachtung und -auswertung

1. Führen Sie tägliche Messungen und Beobachtungen der folgenden Wetterelemente durch: Lufttemperatur, Niederschlag, Luftdruck, Bewölkung.

   Hinweise: 1. Benutzen der Schulstation oder eigener Instrumente bzw. Einholen der Werte aus nächster Wetterstation.
   2. Ablesen des Niederschlags 7.00 Uhr (bzw. stets gleiche Zeit), andere Elemente 7.00/14.00/21.00 Uhr und Mittelwertbildung.

Datum	Mittelwerte			N (mm)	Datum	Mittelwerte			N (mm)
	T (°C)	Bewölkung (*)	Luftdruck (hPA)			T (°C)	Bewölkung (*)	Luftdruck (hPA)	
01.					16.				
02.					17.				
03.									
04.									
15.									
					31.				

* Darstellen der Bewölkung (geschätzt): x/4 bzw. ○ ◔ ◑ ◕ ●

2. Vergleichen Sie Temperaturen und Bewölkung, Temperaturen und Niederschläge, Luftdruck und Niederschläge. Erklären Sie Zusammenhänge.

Temperaturverlauf – Bewölkung: _____

_____

_____

Temperaturverlauf – Niederschläge: _____

_____

_____

Luftdruckverlauf – Niederschläge: _____

_____

Wolken – nichts als Wolken

	Uhrzeit	6.00	8.00	10.00	12.00	14.00	16.00	18.00	20.00
1. Tag	T (°C)	8,0	12,0	17,0	24,0	26,0	23,0	21,0	17,0
	Bewölkung (x/4)	0	0	0	1/4	1/4	1/2	1/4	0
2. Tag	T (°C)	10,0	11,0	13,0	15,0	17,0	15,0	12,0	10,0
	Bewölkung (x/4)	4/4	4/4	4/4	3/4	3/4	3/4	4/4	4/4

1. Stellen Sie den Verlauf der Temperatur und der Bewölkung an zwei Sommertagen in je einem Diagramm dar.

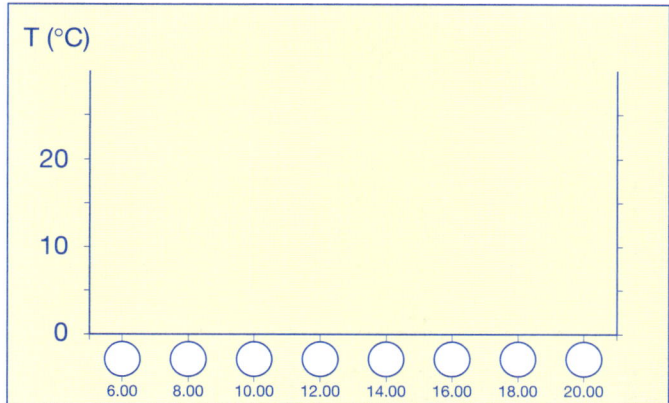 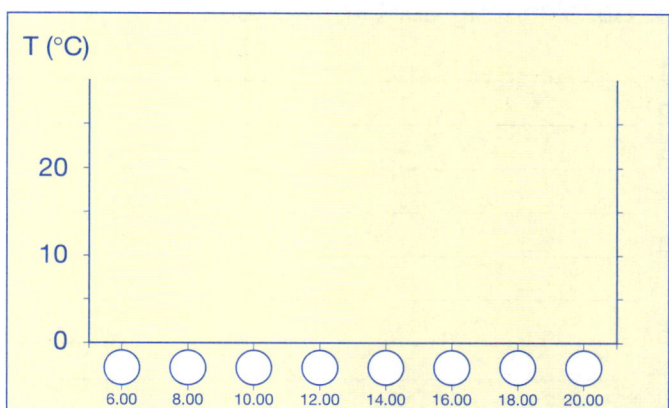

2. Schlussfolgern Sie auf die jeweilige Wolkenart.

_____

3. Merkmale der Wolkenart:

_____
_____

4. Skizzieren Sie diese Wolkenart.

5. Beschreiben Sie Merkmale dieser Wolkenart. Merkmale einer selbst beobachteten Wolke:

_____

Bezeichnung: _____   Bezeichnung: _____

WETTER UND KLIMA

Typische Großwetterlagen in Mitteleuropa

Beschreiben/Nennen Sie für die jeweilige Großwetterlage:

1. Lage von Druckgebieten
2. Lage von Fronten/Zyklonen
3. Nach Mitteleuropa einströmende Luftmassen und deren Eigenschaften
4. Zu erwartende Temperaturen, Bewölkung, Niederschläge
5. Bezeichnung der Großwetterlage

1. _____
2. _____
3. _____
   _____
4. _____
   _____
5. _____

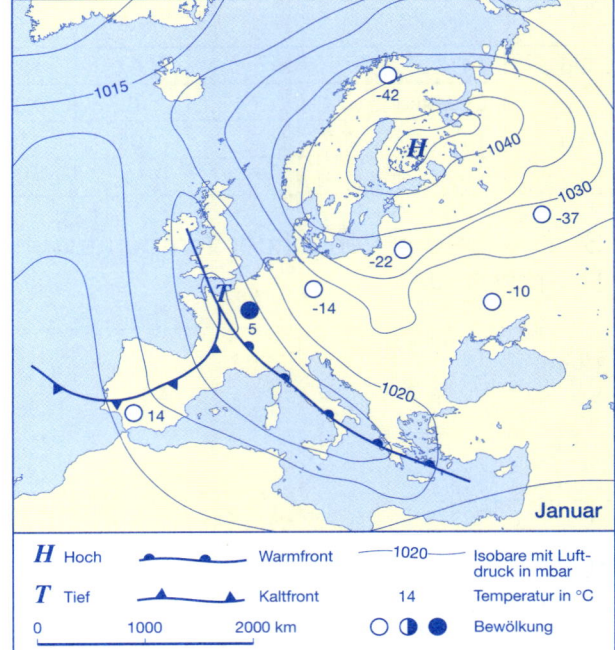

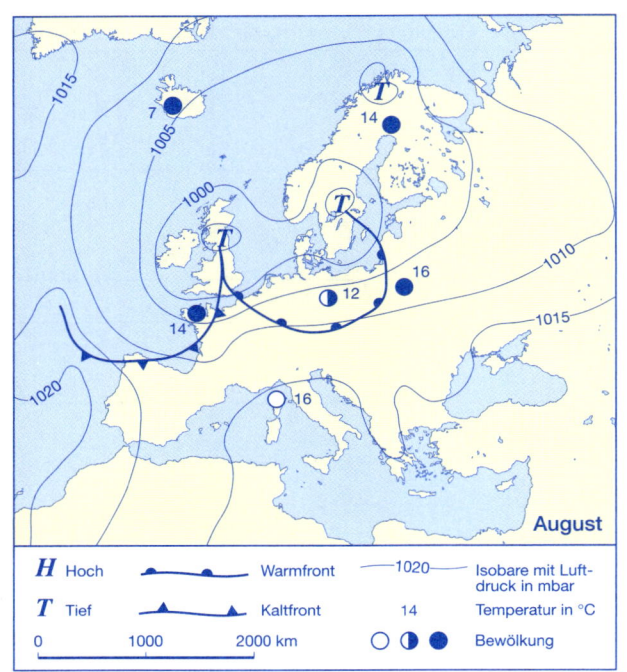

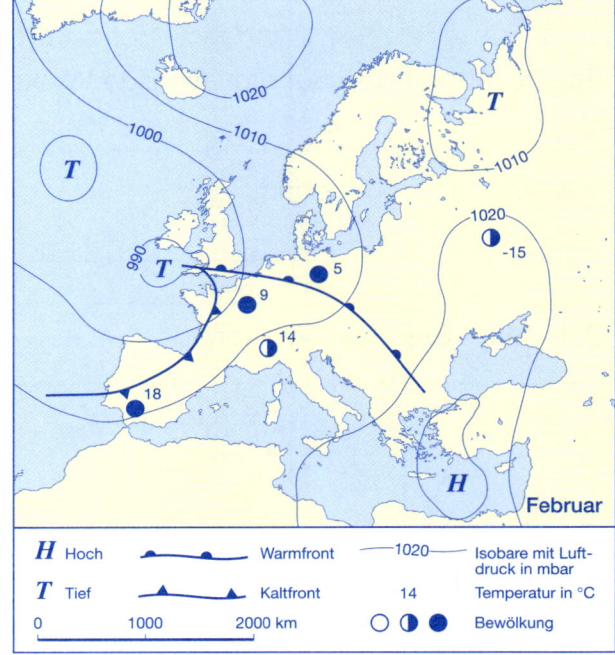

1. _____
   _____
2. _____
   _____
3. _____
   _____
4. _____
   _____
5. _____

1. _____
   _____
2. _____
   _____
3. _____
   _____
4. _____
   _____
5. _____